BEI GRIN MACHT SICH IHR WISSEN BEZAHLT

AF153481

- Wir veröffentlichen Ihre Hausarbeit, Bachelor- und Masterarbeit

- Ihr eigenes eBook und Buch - weltweit in allen wichtigen Shops

- Verdienen Sie an jedem Verkauf

Jetzt bei www.GRIN.com hochladen und kostenlos publizieren

Katja Lehmann-Teichmann

Material und Logistik. Kurze Lernzusammenfassung

GRIN Verlag

Bibliografische Information der Deutschen Nationalbibliothek:

Die Deutsche Bibliothek verzeichnet diese Publikation in der Deutschen National-
bibliografie; detaillierte bibliografische Daten sind im Internet über http://dnb.d-
nb.de/ abrufbar.

Impressum:

Copyright © 2012 GRIN Verlag GmbH
Druck und Bindung: Books on Demand GmbH, Norderstedt Germany
ISBN: 978-3-656-71933-5

Dieses Buch bei GRIN:

http://www.grin.com/de/e-book/278273/material-und-logistik-kurze-lernzusammen-
fassung

GRIN - Your knowledge has value

Der GRIN Verlag publiziert seit 1998 wissenschaftliche Arbeiten von Studenten, Hochschullehrern und anderen Akademikern als eBook und gedrucktes Buch. Die Verlagswebsite www.grin.com ist die ideale Plattform zur Veröffentlichung von Hausarbeiten, Abschlussarbeiten, wissenschaftlichen Aufsätzen, Dissertationen und Fachbüchern.

Besuchen Sie uns im Internet:

http://www.grin.com/

http://www.facebook.com/grincom

http://www.twitter.com/grin_com

Fragen Material und Logistik

1.Definieren Sie die Auftragsabwicklung als Teil der Distributionslogistik!

Auftragsabwicklung = Übermittlung und datenmäßige Bearbeitung und Kontrolle der Aufträge vom Zeitpunkt der Auftragsaufgabe vom Kunden bis zur Ankunft der Sendungsdokumente und Rechnungen beim Kunden. Im Mittelpunkt der Auftragsabwicklung steht somit der Formularfluss zur Erledigung eines Auftrages. Dieser bildet neben der Kommissionierung, der Verpackung und dem Transport einen Teil des Auftragszyklusses. Unterschieden zwischen den verschiedenen Definitionen der Auftragsabwicklung bestehen im Wesentlichen auf der Einbeziehung von Materialflussaufgaben sowie dem Grad der Einbeziehung des finanzwirtschaftlichen Stroms.

2. Diskutieren Sie den Faktor „ZEIT" im Rahmen der Auftragsabwicklung!

Wesentlicher Bestandteil der Lieferzeit ist die für die Auftragsabwicklung benötigte Zeit. Sie umfasst auch alle dabei stattfindenden Kommunikationsvorgänge. Dabei gibt es immer noch Rationalisierungsmöglichkeiten, z.B. durch Verwendung der passenden Formulare des Lieferanten, die gleich ausgefüllt werden können anstatt formloser Aufträge.

3. Nennen Sie die 3 Funktionen der Auftragsabwicklung und beschreiben Sie die Gewährleistung eines den Güterfluss begleitenden Informationsfluss!

3 Funktionen:

a. die Gewährleistung eines dem Güterfluss VORAUS EILENDEN Informationsflusses – alle betroffenen Personen/ Bereiche rechtzeitig informieren (verhindern von Wartezeiten)

b. die Gewährleistung eines den Güterfluss BEGLEITENDEN Informationsflusses – alle Infos vollständig und schnell an operative Stellen (Zeitersparnis)

c. die Gewährleistung eines dem Güterfluss NACH EILENDEN Informationsflusses – z.B. Fakturierung der Rechnung, Rückmeldungen über den Stand des Auftrages, Auswertungen, Reklamationen

4. Warum bilden PPS-Systeme ein Teilsystem der Unternehmenslogistik?

PPS = Produktionsplanungs- und Steuerungssysteme – sind in der betrieblichen Praxis nach einem phasenbezogenen Sukzessivplanungskonzept aufgebaut.

Primärbedarfsplanung – Mengenplanung – Terminplanung – Produktionssteuerung

→ Automatisierung von Bearbeitungsabläufen und damit ein Teilsystem der Unternehmensorganisation

5. Nennen Sie die grundlegende Aufgabe eines Lagers und erläutern Sie einige Lagerhaltungsmotive!

Grundlegende Aufgabe = wirtschaftliche Abstimmung unterschiedlich dimensionierter Güterströme

Lagerhaltungsmotive:

a. AUSGLEICHSFUNKTION – bei abweichendem Materialzufluss und Materialbedarf; zeitlich und mengenmäßig
b. SICHERUNGSFUNKTION – aufgrund unvorhersehbarer Risiken, z.B. im Produktionsablauf, Lieferverzögerungen, Bedarfsschwankungen
c. ASSORTIERUNGSFUNKTION (Vervollständigen) – z.B. Sortimentsbildung oder betriebsinterne Sortenbildung falls am Markt nicht vorhanden
d. SPEKULATIONSFUNKTION – aufgrund vermuteter Preiserhöhungen auf den Beschaffungsmärkten oder Absatzmärkten
e. VEREDLUNGSFUNKTION (Produktivlager) – Qualitätsänderung bei gelagerten Gütern z.B. durch Alterung, Gärung, Reifung oder Trocknung

6. Definieren Sie entsorgungslogistische Leistungen und deren Leistungsobjekte!

Entsorgungslogistische Leistungen = Ergebnisse von Dienstleistungen – Ergebnis einer logistischen Transformation eines Rückstandes von einem gegebenen Anfangs- in einen geforderten Endstand.

<u>Leistungsobjekte</u> = Rückstände der Produktions- und Kommunikationsprozesse, für die das Unternehmen Verantwortung übernimmt.

7. Welche Schnittstellen hat die Entsorgungslogistik zu anderen Strukturbereichen und Aufgabengebieten aus dem Unternehmen?

Aufgrund der Querschnittsfunktion der Entsorgungslogistik bestehen innerbetriebliche Schnittstellen:

- zur Beschaffungs- , Produktions-, Distributions- und Ersatzteillogistik
- zur Unternehmensabfallwirtschaft sowie
- zur Beschaffung, Produktion, Absatz, F&E, Konstruktion

8. Erläutern Sie die Einflussfaktoren auf die Entsorgungslogistik!

<u>Einflussfaktoren auf die Entsorgungslogistik:</u>

1. **innerbetriebliche Rahmenbedingungen**
   a. steigende Entsorgungskosten – Verknappung d. Deponiekapazitäten
   b. Merkmale des Produktionsprozesses – Art und Umfang der anfallenden Rohstoffe, zeitlicher Anfall, Ort des Anfalls, Wertigkeit der Rohstoffe

2. **Marktanforderungen**
   a. Wettbewerbsverhalten – Ersatzprodukte, neue Konkurrenten, Kommunikation
   b. Kundenanforderungen – umweltverträgliche Produkte, Prozesse und Transportsysteme, umweltgerechte Entsorgung

3. **gesellschaftliche und staatliche Anforderungen**
   a. Gesetze – Abfallbeseitigungsgesetz, Verpackungsordnung, Gefahrgut…
   b. Wertewandel – Grenzen des Wachstums, Bürgerproteste, umweltbewusste Mitarbeiter

9. Diskutieren Sie Spezifika von Logistikinformationssystemen gegenüber Infosystemen für andere betriebliche Aufgaben!

   a. Logistische Anwendungen sind DATENINTENSIV – sie sind wegen der Querschnittsfunktion auf Informationen aus allen anderen betrieblichen Funktionen angewiesen.

b. Enge VERZAHNUNG von Planung und Abwicklung – zeitlich sehr enge
    Verbindung zwischen planenden und abwickelnden EDV-Systemen – eine
    dynamische Verbindung ist unabdingbar (ständig aktualisieren!)

c. FLEXIBLE, wenig strukturierte Anwendungen sind erforderlich , da logistische
    Systeme flexibel auf Umweltveränderungen reagieren müssen (Dilemma), weil
    hohe Flexibilität mit Spielraum für Entscheidungen da ist aber leider relativ
    niedrig qualifizierte Mitarbeiter

d. VERNETZTE logische Abläufe – zu fixiert um flexibel auf den Einzelfall
    bezogene EDV-gestützte Abwicklung durchzuführen; führt zu vielen manuellen
    Arbeiten mit hoher Fehlerquote

e. Hohe Anforderungen an elektronische Datenkommunikation – das spielt eine
    entscheidende Rolle. Ohne elektronische Kommunikation zu Kunden und
    Lieferanten sind viele der Anwendungen nur eingeschränkt nutzbar.

→ Es gibt kaum durchgängig integrierte Logistiklösungen

10. Welche Beziehungen bestehen zwischen der Verbesserung der Ablauforganisation und der Reorganisation logistischer Prozesse und Strukturen?

Beide Dinge gehören fest zusammen. Eine Reorganisation von Strukturen und
Prozessen ist insbesondere vor der Einführung neuer EDV-Systeme notwendig, um
die Verbesserungspotenziale der Systeme ausschöpfen zu können.

11. Erläutern Sie 4 Gestaltungsprinzipien für computergestützte Komponenten der Unternehmenslogistik!

1. Einbettung in die Wettbewerbsstrategie des Unternehmens –
    Veränderung im Wettbewerb durch Einsatz moderner
    Informationstechnologien → konkrete Entwicklungsziele für EDV-
    gestützte Logistikorganisation aus Wettbewerbsstrategie ableiten

2. Operative Integration in eine ganzheitliche Informations- und Logistikkonzeption = keine „Insellösungen sondern integrierte Subsysteme, konzipiert und implementiert (Info- und Materialfluss-System), horizontal, vertikal und funktionsübergreifend

3. Beachtung von Komplexitätsgrenzen und Ausschöpfung der Möglichkeiten zur Komplexitätsreduktion = das Steuerungssystem muss mind. So komplex sein wie das gesteuerte System. Vereinfachung durch Verkürzung, Entflechtung, Glättung usw.

4. Einbeziehung des Managements und der Systemanwender in den gesamten Prozess. Keine rein technische Aufgabe! Implementierung des Systems (Wandel) ist zentrale Führungsaufgabe!

12. Beschreiben Sie die funktionelle Abgrenzung von Logistiksystemen nach den Phasen des Güterflusses!

1. BESCHAFFUNGSLOGISTIK – Roh-, Hilfs-, Betriebsstoffe usw. vom Lieferanten am Beschaffungsmarkt bis zum Beschaffungslager des Unternehmens bzw. auch direkt in den Produktionsprozess

2. PRODUKTIONSLOGISTIK – Material vom Beschaffungslager in den Produktionsprozess, Halbfabrikate können zwischen gelagert werden; aus der Produktion → Fertig- u. Halbfabrikate an Kunden; **1 und 2 zusammen heißen Materiallogistik**

3. ABSATZLOGISTIK (Distributionslogistik) – Ersatzteile, Handelswaren, Fertigfabrikate usw. = Güterfluss vom beim Produzenten liegenden Absatzlager über regionale Auslieferungslager an den Kunden; auch direkte Lieferung möglich; Halbfabrikate als Ersatzteile an Kunden

4. ENTSORGUNGSLOGISTIK – Güterstrom fließt in die umgekehrte Richtung. Rückstände, bestehend aus SERO und Abfall; auch beschädigte und falsch gelieferte Güter kommen vom Kunden zurück

13. Nennen Sie Zielgrößen, die bei einer optimalen Planung von innerbetrieblichen Transportsystemen zu verfolgen sind!

Zielgrößen:

1. **optimale Nutzung** – minimale Transportkosten und Leerwege, hohe funktionale und zeitliche Auslastung

2. **hoher Servicegrad** – kurze Auftragswartezeiten und niedrige Transportzeiten

3. **hohe Flexibilität** – breites Spektrum an Transportgütern, leichte Anpassung an betriebliche Einstellungen

4. **hohe Transparenz** – Information über die aktuelle Situation, verursachergerechte Kostenrechnung, Erzeugung von Kennzahlen

14. Welche Beziehungen gibt es zwischen dem Güter- und Informationsfluss?

Der Güterfluss fließt nicht von allein. Er setzt den Austausch von Informationen zwischen Liefer- und Empfangspunkt voraus. Die Informationen lösen den Güterstrom vorauseilend aus, begleiten ihn erläuternd und folgen ihm bestätigend oder nicht bestätigend nach. Zu Logistikprozessen gehören deshalb nicht nur solche Dinge, die den Güterfluss bewerkstelligen, sonder auch solche, die für den entsprechenden Informationsfluss zuständig sind.

15. Welche Effekte werden erreicht, wenn eine Verknüpfung der Logistik mit der Unternehmensstrategie gelingt?

Effekte: Erzielung von Wettbewerbsvorteilen, Reduzierung der Logistikkosten, Verbesserung des Logistikservices und das Hervorbringen und anbieten logistischer Innovationen.

16. Worin besteht die Aufgabe der organisatorischen Gestaltung der Logistik?

Aufgabe = Schaffung einer Ordnung, bestehend aus einem optimalen Verhältnis zwischen formalen, generellen Dauerregelungen und verbleibenden Freiräumen für informale, einmalige Dispositionen, die die Optimierung der zu erfüllenden Logistikaufgaben gewährleistet und die Produktivität der betrieblichen Prozesse erhöht. Dabei ist die Organisationsform zu ermitteln, die im Bezug auf den gesamten logistischen Aufgabenkomplex den geringsten Koordinationsaufwand verursacht.

17. Erläutern Sie wie mit Hilfe von Gestaltungsprinzipien der Logistik durchgesetzt werden können.

1. Zielorientierung
- Zeitziele vereinbaren und einhalten
- Material, -ware und Informationen schnell bereit halten
- Hierarchieebenen vermeiden
- Einfache Strukturen und kurze Entscheidungswege
- Liegezeiten vermeiden

2. Materialorientierung
- Organisation der Marktstrategie anpassen
- Organisation an den Geschäftsprozessen ausrichten
- Differenziert nach Kundengruppen abwickeln
- Klare Kommunikationsstrukturen schaffen

3. Ganzheitlichkeit
- Material- und Informationsfluss integrieren
- Aufgaben produktbezogen zuordnen
- Hohen Grad an Aufgabenintegration erreichen
- Übergänge der Teilprozesse glätten

4. Flussorientierung
- Ziehprinzip als Steuerungsprinzip als Steuerungskriterium nutzen
- Strategische Funktionen zentralisieren
- Operative Funktionen zentralisieren
- Externe Dienstleister einbeziehen
- Schnelle und durchgängige Informationswege schaffen

18. Beschreiben Sie die Organisation der weltweiten Supply Chain von Unternehmen!

= globale Versorgungsketten – ganze Versorgungsketten von der Rohstoffbeschaffung bis zum Endverbraucher und dem immer wichtiger werdenden Recycling → flexibles Netz, der den Erdball immer dichter umspannt.

Lagerbestände schmelzen dahin. Beschaffung und Produktion müssen näher an den Verbraucher heran geführt werden. Das bedeutet gesteigerte Anforderungen an Flexibilität und Reagilität und unter Umständen eine Einbuße bei der Kapazitätsauslastung. Zukünftig sind Flexibilität, Lieferzuverlässigkeit und Vollständigkeit oft wichtiger als die Schnelligkeit.

Zentrale Rolle beim globalen Supply Chain Management spielen Informationen. Ihre Verfügbarkeit, Schnelligkeit und Steuerungsqualität sind entscheidend für das Funktionieren der Wertschöpfungsketten. Hinzu kommen qualifizierte Voraussagen als Herzstück eines erfolgreichen Supply Chain Managements.

19. Erläutern Sie Aufgaben und Organigramm von Einlinien- und Mehrlinienmodellen!

<u>Einlinienmodell:</u> bei der funktionalen Organisation sind die Aufgaben auf Unternehmensebene nach dem Verrichtungsprinzip und bei der divisionalen Organisation nach dem Objektprinzip gegliedert.

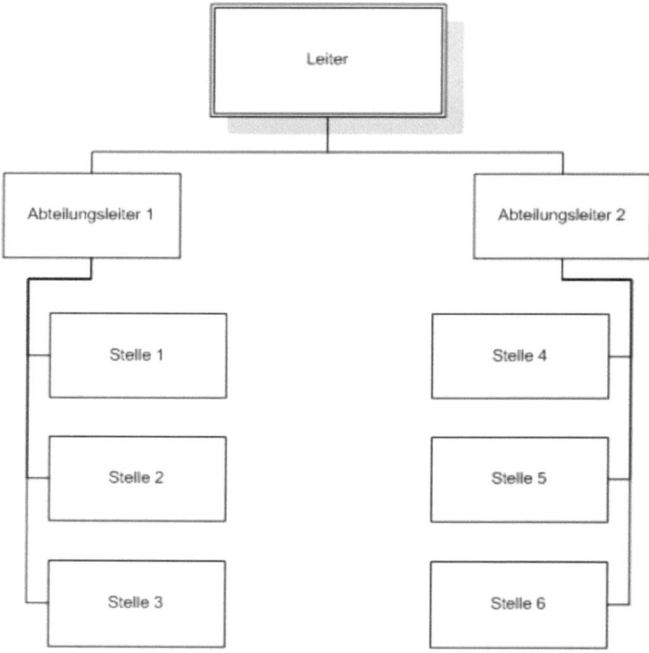

<u>Mehrlinienmodell</u>: bei der Matrixorganisation besteht die Matrix aus einer vertikalen Produkt- oder Objektgliederung und aus einer überlagerten horizontalen Verrichtungsgliederung. Bei der Transaktion kommt noch eine Dritte, nämlich die laterale Beziehung als Regionalorientierung dazu.

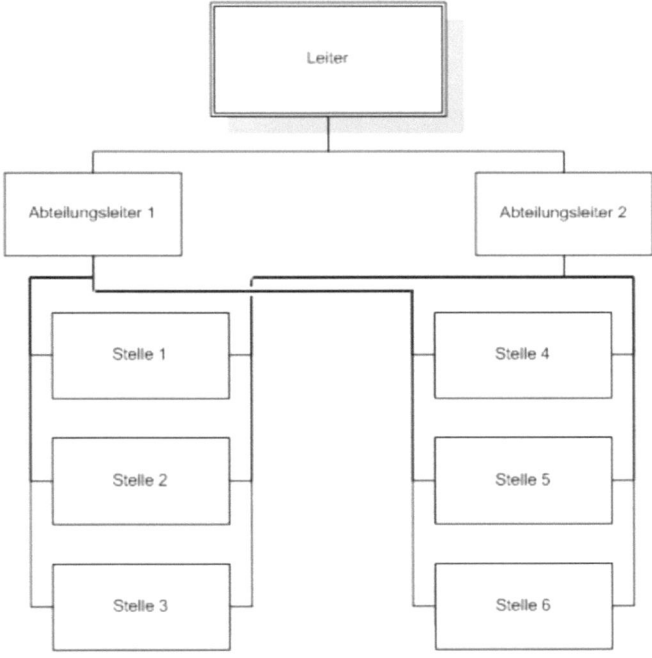